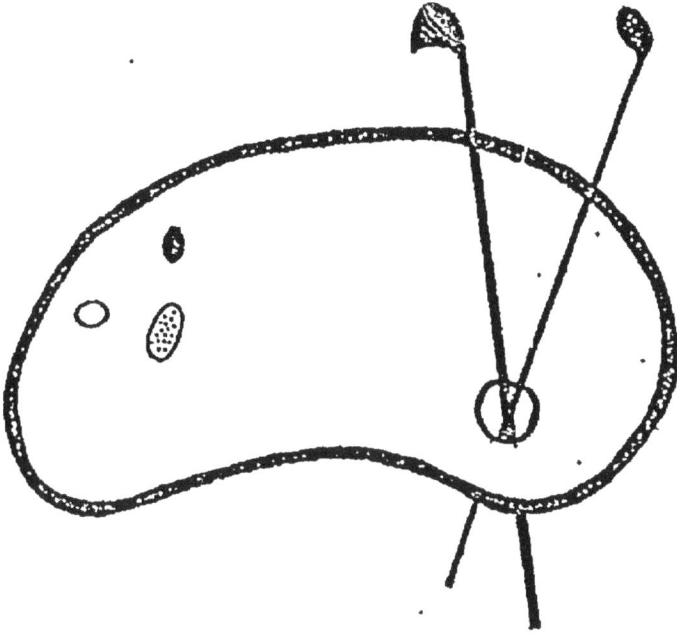

DEBUT D'UNE SERIE DE DOCUMENTS
EN COULEUR

ERNEST LA JEUNESSE

L'HUIS CLOS MALGRÉ LUI

MORALITÉ MODERNE EN UN ACTE

(A PEINE)

ET EN PROSE

PARIS

LIBRAIRIE CHARPENTIER ET FASQUELLE

EUGÈNE FASQUELLE, ÉDITEUR

11, RUE DE GRENELLE, 11

1900

CHOIX DE PIÈCES

2031. — L.-Imprimeries réunies, rue Saint-Benoît, 7, Paris.

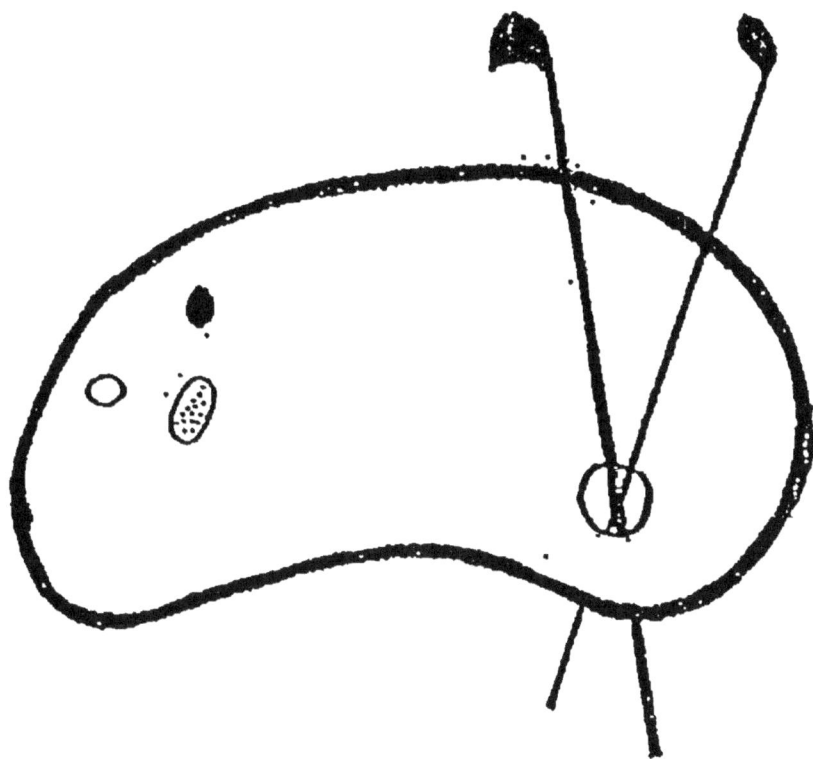

FIN D'UNE SERIE DE DOCUMENTS
EN COULEUR

L'HUIS CLOS MALGRÉ LUI

DU MÊME AUTEUR

Les Nuits, les Ennuis et les Ames de nos plus notoires contemporains.

L'Imitation de Notre Maître Napoléon.

L'Holocauste.

L'Inimitable.

Demi-Volupté.

Sérénissime.

SOUS PRESSE :

Les Ruines, quatre actes.

Madame est morte, un acte.

ERNEST LA JEUNESSE

L'HUIS CLOS MALGRÉ LUI

MORALITÉ MODERNE EN UN ACTE

(A PEINE)

ET EN PROSE

Représenté pour la première fois sur la scène du Théâtre-Antoine

Le mercredi 14 Novembre 1900.

· PARIS

Librairie CHARPENTIER et FASQUELLE

EUGÈNE FASQUELLE, ÉDITEUR

11, RUE DE GRENELLE, 11

1900

PERSONNAGES

LE COMMISSAIRE DE POLICE . . .	MM.	Degeorge.
LE MARI.		Marsay.
LA FEMME ⎱ derrière la porte. . . . ⎰	Mlle	Becker.
L'AMANT ⎰	MM.	Desfontaines·
PREMIER AGENT.		Saverne.
DEUXIÈME AGENT.		Nargeot.
UN CAMBRIOLEUR, personnage muet.		
LA DEMOISELLE D'A· COTÉ	Mlle	Ellen Andrée
LE LOCATAIRE D'A COTÉ.	MM.	Michelez.
LE SERRURIER.		Tunck.

L'HUIS CLOS MALGRÉ LUI

A ALBERT MICHAUT,
commissaire de police de la Ville de Paris
affectueusement.

La scène figure un peu d'escalier et le palier d'un étage à trois portes : à droite, où frappe le commissaire et derrière laquelle sont la femme et l'amant, à gauche, d'où sort le locataire, au milieu d'où apparaît la demoiselle.

Autant de confort que possible.

Tous les personnages ont trente-cinq ans, même le cambrioleur qu'on n'aperçoit qu'à peine. Les agents sont en tenue de service, le commissaire, chapeau de paille, veston gris, pantalon idem, ceinture de soie; le mari en gris, chapeau Cronstadt; le locataire d'à côté, pyjama, manches de chemise; l'amant apparaît à la fin en redingote et pantalon noirs; la femme en rouge; le cambrioleur, sans prétentions; la demoiselle d'à côté, costume tailleur cuisse de nymphe violée, et le serrurier — en serrurier.

SCÈNE PREMIÈRE

Deux agents montent un escalier et se postent devant une porte.

DEUXIÈME AGENT

C'est là-dedans qu'ils sont?

PREMIER AGENT

Oui.

DEUXIÈME AGENT

Tous les deux?

PREMIER AGENT

Oui.

DEUXIÈME AGENT

Ils ne doivent pas s'embêter.

PREMIER AGENT

Non.

DEUXIÈME AGENT

C'est drôle. Ils ne font pas de bruit.

PREMIER AGENT

Que ça nous serve d'exemple. Ne faisons pas de bruit. Ça pourrait les déranger. Mon professeur de philosophie disait que la liberté des uns va jusqu'où elle entrave la liberté des autres : ça s'appelle les menottes métaphysiques.

DEUXIÈME AGENT

Mais, nous les dérangerons forcément tout à l'heure !

PREMIER AGENT

Raison de plus pour ne pas les déranger maintenant. Attendons.

DEUXIÈME AGENT

Ah! il faut de la patience dans notre métier.

PREMIER AGENT

De la patience et de la tenue.

DEUXIÈME AGENT

Tu parles bien. Pourquoi t'es-tu mis dans la police?

PREMIER AGENT

A cause de l'indépendance de mon caractère. Je ne pouvais pas rester en place, dans toutes mes places. Alors, maintenant, je me promène et j'attends.

DEUXIÈME AGENT

Écoute : tu diras ce que tu voudras, c'est pas gentil de la part du commissaire de nous envoyer en avant. Il doit venir avec nous et nous précéder.

PREMIER AGENT

Ça n'est pas dans son esthétique. Et puis, que nous attendions ici ou ailleurs!...

DEUXIÈME AGENT

Ça n'est pas la même chose : la rue n'est pas un palier. Il y a de l'espace, de l'air. Mais, ici, nous sommes grotesques, godiches. Je ne voudrais pas être vu pour un empire.

(Pas dans l'escalier.)

PREMIER AGENT

Tu vas être servi.

(*Un homme vague s'amène, rencontre les agents, s'ahurit, se trouble, hésite et redescend.*)

Eh bien! (*Il rit.*) Il a été plus embarrassé que toi.

DEUXIÈME AGENT

Veux-tu que je te dise ce que c'est que cet homme-là? Eh bien! c'est un cambrioleur!

PREMIER AGENT

Je m'en suis toujours douté.

DEUXIÈME AGENT

Pourquoi ne l'avons-nous pas arrêté?

PREMIER AGENT

Ça ne m'est pas venu à l'esprit. Et pourquoi l'arrêter?

DEUXIÈME AGENT

Parce que ça nous aurait occupés, parce que nous n'avons rien à faire.

PREMIER AGENT

Et qu'est-ce qu'il faisait, lui?

DEUXIÈME AGENT

Il montait en l'air.

PREMIER AGENT

Il s'apprêtait seulement à commettre un délit, — si délit il y a. On n'arrête pas quelqu'un sur des intentions.

DEUXIÈME AGENT

Nous aurions pu toujours l'arrêter et le garder jusqu'à l'arrivée du commissaire. Nous l'aurions lâché à cet instant. Il nous aurait raconté des histoires. Les cambrioleurs, ça a de l'imagination.

PREMIER AGENT

Pas toujours. Il y a bien du déchet dans cette profession-là aussi. Et puis il avait une bonne figure.

DEUXIÈME AGENT

Précisément. On se serait entendu pour rigoler.

PREMIER AGENT

Aurait-on eu le temps?

DEUXIÈME AGENT

Tu parles! Le patron ne va pas s'amener avant des temps et des temps!

PREMIER AGENT

Il veut donc que ceux-là s'en aillent?

DEUXIÈME AGENT

Dame! s'ils ont fini...

PREMIER AGENT

Et qu'est-ce qu'il fait, le patron, en ce moment?

DEUXIÈME AGENT

Tu n'as rien vu?

PREMIER AGENT

Non. J'étais de planton à la porte.

DEUXIÈME AGENT

Eh bien! voici. Un bonhomme a fait irruption qui a dit au commissaire : « Venez, qu'il a dit, faire les constatations légales. — C'est un assassinat? qu'a demandé le commissaire. — Non, c'est un adultère. » Le commissaire a toisé l'individu. « C'est vous le mari? qu'il a ricané. — Oui, qu'il a fait, l'autre. »

PREMIER AGENT

Il n'en était pas plus fier pour ça?

DEUXIÈME AGENT

Il en était baba, tu penses, mais c'était rien. « C'est bon, dit le commissaire, et la femme est bien votre femme? — Oui. — C'est bon, a encore fait le commissaire. Et il a dit : « Je vais vous faire fouiller. »

PREMIER AGENT

« Vous faire fouiller! »

DEUXIÈME AGENT

Oui. Il a ajouté : « C'est une innovation ». L'autre bondissait comme un tigre dans un champ de tomates, « une innovation parce que j'ai remarqué que les armes devaient être strictement — et dans leur intérêt — prohibées aux maris trompés. On ne sait pas ce qui peut arriver. — Mais, qu'a fait l'autre, je ne suis pas dans la vie uniquement mari trompé. — C'est sous cet angle que je dois vous considérer en cette minute, a riposté le commissaire. » Et il a ordonné. « Faisons vite. Ne perdons pas un temps précieux. »

PREMIER AGENT

Il a dit ça? « Un temps précieux! »

DEUXIÈME AGENT

Oui. Il est farce. C'est un toupet de juge d'instruction. Et, pour calmer l'homme, il nous a envoyés en
avant.

PREMIER AGENT

« Ne perdons pas un temps précieux ! » Le temps
se presse.

DEUXIÈME AGENT

Chut! Les voici.

SCÈNE II

Les Mêmes, LE COMMISSAIRE, LE MARI

LE COMMISSAIRE, *au mari.*

Eh bien! Monsieur ! Vous voyez que, même à pied,
on arrive. Une voiture vous aurait fait gagner dix mi-
nutes à peine.

LE MARI, *amer.*

Ou un quart d'heure.

LE COMMISSAIRE

Vous croyez? Permettez-moi de faire le calcul...
Rien de nouveau, Commines?

PREMIER AGENT

Non, Monsieur le commissaire.

LE COMMISSAIRE

J'ai vu un homme qui fuyait dans la rue.

DEUXIÈME AGENT, *aimable.*

C'est un cambrioleur. Il sort d'ici.

LE COMMISSAIRE

Il était porteur d'un gros paquet. Vous l'avez vu? Vous l'avez laissé passer?

DEUXIÈME AGENT

Quand il a été en vue, il n'avait pas de paquet. Nous ne sommes pas fautifs. S'il a cambriolé, c'est à l'étage au-dessous. Et puis, nous n'étions pas ici pour lui, nous avions un service commandé, une faction de prévoyance et d'honneur.

LE COMMISSAIRE

Ça n'a pas d'importance. (*Au mari, qui a empli la scène de sa fureur muette et de son impatience.*) Alors, vous croyez que nous aurions gagné un quart d'heure?

LE MARI, *éclatant.*

Ah! Monsieur le commissaire! je vous en prie! Là! là! (*Il indique la porte.*)

LE COMMISSAIRE

Vous vous exprimez clairement, Monsieur. (*Un silence.*) Ah! c'est bien pour vous faire plaisir. (*Il frappe à la porte. Silence. Il se tourne vers le mari.*) On ne répond pas. (*Il tousse pour affermir sa voix et frappe plus fort. Silence. Il refrappe.*)

SCÈNE III

LES MÊMES, DES VOIX, *derrière la porte.*

UNE VOIX, *derrière la porte.*

Vous vous trompez, c'est au-dessous.

LE COMMISSAIRE

Ils répondent au hasard. Ça ne prend pas. (*Un soupir.*) Ah! que c'est embêtant! que c'est embêtant! (*D'une voix pas stridente, comme honteux, et triste, triste !*) Au nom de la loi, ouvrez!

LA VOIX

Vous vous trompez, c'est plus bas.

LE COMMISSAIRE, *plus triste et sans foi.*

Au nom de la loi, ouvrez!

LA VOIX

Quelle loi?

DEUXIÈME VOIX, *molle et pointue, tout de même.*

Ah! ah. ah! ah! Tu ne comprends pas! Mon Dieu! mon Dieu! mon mari! le commissaire!

(*Le mari crispe les poings.*)

LA VOIX

C'est ton mari qui parle de la loi?

LA FEMME

Oui! Non! C'est le commissaire! Mon mari! Le commissaire! Ah! ah! mon Dieu!

LE COMMISSAIRE, *au mari.*

Suis-je assez ridicule?

LE MARI, *simple.*

Et moi?

LE COMMISSAIRE, *simple.*

C'est vrai. (*Subitement sévère.*) Et tenez-vous bien vous savez!

LE DEUXIÈME AGENT, *pour sauver la situation.*

Bel escalier! Voilà ce que j'appelle un escalier! Propre, ciré, large. Voilà l'escalier que je souhaite à toutes les maisons à criminels. Car, qui est-ce qui monte l'escalier des maisons à criminels? C'est le gardien de la paix. Mais on ne fait rien pour le sergent de ville.

LA PREMIÈRE VOIX

Il y a : *au nom de la loi* et *au nom de la. loi.* Si vous venez pour un flagrant délit d'adultère, c'est bien! mais si vous venez pour autre chose, c'est une erreur judiciaire! Il n'y a rien de fait, je vous préviens d'avance et je fais toutes les réserves de droit.

LE MARI, *suffoqué.*

Il demande si c'est pour un adultère!

L'AMANT (OU PREMIÈRE VOIX).

Alors, c'est bien! On y va. (*Un temps. Il s'approche de la porte.*) Pardon, c'est à M. le commissaire que j'ai le désir de parler.

LE COMMISSAIRE

C'est moi, Monsieur.

L'AMANT

Je dois vous croire, Monsieur, ne vous voyant pas.

LE COMMISSAIRE

Je vous écoute, Monsieur.

L'AMANT

Vous me permettrez d'abord de vous saluer, Monsieur.

LE COMMISSAIRE

Je vous salue aussi, Monsieur.

L'AMANT

Je dois encore vous croire, ne vous voyant pas.

LE COMMISSAIRE

Au fait, Monsieur !

L'AMANT

Voici, Monsieur le commissaire. Je suis nu, absolument nu, nu comme... toutes les métaphores que vous voudrez. Je désirerais savoir de vous si, en vous ouvrant, et en paraissant ainsi devant vous, tout nu, je le répète, je ne me mets pas dans le cas d'être condamné pour outrage public à la pudeur.

LE COMMISSAIRE

Public! Oh! Monsieur! Cinq personnes à peine! Vous ne courez aucun risque. Vous êtes chez vous. Vous avez parfaitement le droit d'être nu, Monsieur.

LE MARI, *au commissaire.*

Mais moi, je ne tiens pas à voir cet homme tout nu.

LE COMMISSAIRE

Alors, pourquoi êtes-vous venu?

L'AMANT, *au commissaire.*

Merci, Monsieur, vous me rendez la vie Parce que, vous comprenez, je ne voudrais pas me donner la peine de m'habiller pour des...

LE COMMISSAIRE, *l'interrompant, et triste.*

Ah! pardon, Monsieur. Voici que vous allez vous

rendre coupable d'un outrage par paroles à un officier de la force publique...

LE COMMISSAIRE

... dans l'exercice de ses fonctions...

L'AMANT

Mais, Monsieur!...

LE COMMISSAIRE *continue, imperturbable en sa tristesse, et bientôt l'amant se tait.*

et ce me sera très pénible. Vous ne pouvez apercevoir mon visage et y remarquer la sympathie dont il est pénétré à votre endroit.

LE MARI, *bondissant.*

Hein? Vous dites?

LE COMMISSAIRE *continue* (1).

J'ai procédé en ma vie — car ma vie a été longtemps et uniquement ma carrière — à un nombre fort considérable de constats de flagrants délits d'adultère — car il faut bien appeler les choses par leur nom. J'y procédais correctement, méthodiquement, machinalement, comme vous allumez une cigarette...

L'AMANT, *derrière la porte.*

Merci, je ne fume jamais.

(1) Tout ce dialogue, supprimé à la représentation chez Antoine, n'est conservé ici que par respect pour le texte d'une pièce qui, écrite et déposée en 1897, a vieilli (peut-être) avant que de voir le jour.

LE COMMISSAIRE

Je ne vous en remercie pas moins. Mais de ces
flagrants délits, de ces adultères, je ne percevais ni
l'émotion, ni le lyrisme, ni la misère, ni l'humanité,
ni la sensualité, ni la sentimentalité. L'âme même de
l'adultère...

LE MARI, *furieux.*

Mais ce n'est pas un commissaire, cet homme-là!
C'est un dictionnaire de synonymes, une élégie, une
conférence!

LE COMMISSAIRE, *au mari.*

Monsieur, ne m'insultez pas. Je ne souffrirai de
vous aucune injure. Je continue.

L'AMANT, *intéressé (au moins en apparence).*

C'est une histoire?

LE COMMISSAIRE

C'est *mon* histoire. Un jour, en 1895, je fus chargé
de mettre à exécution un mandat d'arrêt décerné
contre un gentleman très bien pour faux, usage de
faux, complicité de vol par recel, etc., mais tout ceci
importe peu. Je fus prévenu en faveur de mon client
par son physique agréable, ses manières parfaites et
un je ne sais quoi de distinction et de cordialité qui
émanait de toute sa personne. Lorsque, les forma-
lités préliminaires épuisées, j'en vins à lui dire : « J'ai
l'honneur de vous mettre en état d'arrestation », il s'in-
clina en me déclarant : « Tout l'honneur est pour moi,
Monsieur. » Ce sont là des égards trop rares envers
notre profession et auxquels nous sommes sensibles.
Ce gentleman avait de l'ordre et de l'économie. Au moment de monter en son coupé (car et c'est là la

2.

moindre des choses, j'eus la correction de le mener
au Dépôt dans sa voiture), il me dit : « C'est navrant.
J'ai une loge ce soir au Gymnase. Elle est perdue. Je
ne peux pas l'envoyer à des amis, comme ça, sans
phrases, sans phrases pénibles. La voulez-vous, Monsieur le commissaire? »...

LE MARI. *railleur*.

C'est touchant!

LE COMMISSAIRE, *au mari*.

Pardon, Monsieur. Je ne vous parle pas. Occupez-
vous de vos affaires.

LE MARI, *exaspéré*.

Mais, Monsieur, mes affaires, c'est vous. Vous êtes
ici pour ça, pour...

LE COMMISSAIRE, *menaçant*.

Taisez-vous! Je ferai mon devoir. Mais prenez garde!
Votre situation, pour être grotesque, peut néanmoins
devenir grave. Injuriez-moi, ne vous gênez pas. (*Ter-
rible.*) Savez-vous ce qui arrivera? Le savez-vous?
(*S'expliquant.*) Je vous arrêterai, pour de bon, — tout
à fait. C'est en inculpé, les menottes aux mains, que
vous franchirez cette porte pour voir se compléter
votre déshonneur, grâce à un galant homme, Monsieur, c'est comme prisonnier que vous me suivrez,
c'est comme condamné, condamné de droit commun,
revêtu de la livrée pénitentiaire, que vous irez, si vous
en avez le triste courage, soutenir votre plainte ridicule, ridicule, oui, Monsieur, contre monsieur et
madame, là, derrière cette porte, et que vous vien-
drez par la suite, sous les huées, entendre prononcer

le divorce contre vous, contre un détenu ayant en-
couru une condamnation afflictive et infamante.

LE MARI, *suffoqué.*

Monsieur!

LE COMMISSAIRE

Monsieur...
(*Les agents se préparent à prendre une attitude.*)

L'AMANT, *derrière la porte.*

Messieurs...

LE MARI, *accablé.*

Ah! celui-là! encore! je l'avais oublié!

L'AMANT

Messieurs! du calme! je vous en prie.

LE MARI, *de plus en plus suffoqué.*

Vous!... c'est vous... vous ne vous rendez donc pas
compte!... et c'est vous qui..

L'AMANT, *ne se rendant décidément pas compte
· et tout à fait aimable.*

C'est moi... c'est moi qui vous en prie... Faites-le
pour moi.

LE MARI, *suffoqué.*

Vous! vous! ah! celle-là, par exemple! (*Il s'anéantit.*)

LE COMMISSAIRE, *profitant de l'occasion
pour continuer.*

« Monsieur, dis-je au gentleman, je suis en service
commandé, je ne puis donc rien accepter, même de
vous, mais dès que j'aurai eu le déplaisir de vous
quitter, votre cocher peut, si vous le lui ordonnez,

me reconduire chez moi, puisqu'il rentre à vide, et me faire remettre votre loge par ma concierge — tiens ! c'est un mot !

LE MARI, *amer*.

Vous n'êtes pas fier !

LE COMMISSAIRE, *poursuivant*.

Et je vous remercie beaucoup. Ainsi fut fait

L'AMANT

Et ce fut une révélation ?

LE COMMISSAIRE, *solennel*

Ce fut *la* révélation. Je connaissais la pièce ou plutôt je devais la connaître. J'y avais assisté comme commissaire de police de service. Vous savez ce que c'est Une corvée. Il faut avoir l'air d'être là, pour quelque chose, pas pour la pièce, en cas de besoin. Que sais-je ? On est en représentation soi-même, on représente la sécurité, l'honneur, la vertu : une panne ! Pas moyen de s'amuser ! pas moyen d'écouter ! il faut avoir l'œil partout. L'officier de pompiers en civil, le pompier moral, quoi ! Mais avec la loge, dans la loge de ce malhonnête homme aimable, j'écoutai, je crus, je vis. Quand le commissaire de police dit au mari : « Les Français n'aiment pas les maris qui... », je fus transporté, je me vis sur la scène, en beauté, je sentis mon secret, ma vocation, mon âme : j'étais avec M. Dumas, avec l'amant. Que le mari tue — je parle d'homme à homme —, qu'il tue en dehors de nous. Ou, si ça l'amuse, qu'il pardonne, en dehors de nous, sans nous ; mais qu'entre lui et nous il n'y ait rien de commun, aucune sympathie, aucune fraternité, des rapports de service, sans plus.

LE MARI, *sec et simple*.

Merci.

LE COMMISSAIRE, *sec et simple*.

Il n'y a pas de quoi.

LE MARI, *amer*.

Et c'est moi qui l'ai fait venir, qui l'ai fait monter!

LE COMMISSAIRE, *méprisant*.

Vous semblez ignorer que tous les jours, en justice, les témoins à charge deviennent témoins à décharge — et inversement.

LE MARI

Vous avez le mot pour rire, Monsieur.

LE COMMISSAIRE

C'est la vie.

L'AMANT, *pour détourner la conversation*.

Et votre client, l'homme à la loge?

LE COMMISSAIRE

Je lui envoie dorénavant ma carte, au 1er janvier.

LE MARI

Où?

LE COMMISSAIRE

Où? Vous êtes indiscret. Monsieur. Ce n'est pas Monsieur, derrière la porte — et il est nu — qui me poserait une telle question. Il s'est évadé, Monsieur! Il est en fuite. Secret professionnel.

PREMIER AGENT

C'est un homme.

DEUXIÈME AGENT

C'est un gars.

PREMIER ET DEUXIÈME AGENT, *en chœur et du ton de M. le Dr Pelet.*

C'est quelqu'un !

LE COMMISSAIRE stage...

L'AMANT

Monsieur le commissaire, je suis ravi de votre contre-sens. Votre fâcheuse interprétation de mes pensées m'a permis d'entendre à travers cette légère cloison un fort émouvant discours.

LE MARI, *à part.*

La confession d'un enfant du piège.

LE COMMISSAIRE

Vous êtes trop aimable, Monsieur.

L'AMANT

Du tout, Monsieur, mais je rétablis ma phrase. La voici : Ce n'est pas la peine de m'habiller pour des constatations qui, exigeant quelque laisser-aller dans la tenue, excusent ce laisser-aller et, pour ainsi dire. y provoquent. Nous ne nions pas le délit, nous ne nions rien.

VOIX DE LA FEMME

Parle pour toi.

L'AMANT

Hein ?

VOIX DE LA FEMME

Ne te vante donc pas ! Tu ne nies pas, moi, je nie. C'est net.

L'AMANT

Bon ! alors je ne me rhabille plus. Il n'y a plus rien de fait.

VOIX DE LA FEMME

Lâche! lâche! pour déshonorer une femme!

LE MARI, *justicier*.

Tais-toi, Diane!

DIANE

Tous, alors! Vous allez tous vous mettre contre moi!
Lâches! lâches!

L'AMANT

Je vous demande pardon, Monsieur le commissaire,
des paroles de Madame : c'est jeune, ça ne sait pas! ça
ne sent pas!

LE COMMISSAIRE

Monsieur, je rends hommage à votre courtoisie, et je
vais peut-être en abuser. J'ai une grâce à vous deman-
der.

L'AMANT

A moi, Monsieur?

LE COMMISSAIRE

A vous, Monsieur.

L'AMANT

Parlez, Monsieur.

LE COMMISSAIRE

Voici. Régulièrement, légalement, traditionnelle-
ment, je dois pénétrer chez vous ceint de mon écharpe.
J'ai horreur de cet ornement. C'est lourd, sans majesté,
ridicule. Quand, comme moi, et sans doute comme
vous, Monsieur, derrière la porte, on a la patrie dans
son cœur, pourquoi l'avoir autour du ventre? Et ce
n'est pas la patrie, Monsieur, c'est un épouvantail à
moineaux.

L'AMANT

A moineaux ! vous n'êtes pas poli pour moi, Monsieur.

LE COMMISSAIRE

Pardonnez-moi, Monsieur, je ne croyais pas vous offenser. Et, j'en suis sûr, vous vous calomniez, vous n'avez pas peur de la loi. (*Un peu solennel, mais aimable.*) La loi, c'est moi, Monsieur.

L'AMANT

Oh ! alors, Monsieur, enchanté...

LE COMMISSAIRE

Mais cette écharpe, voyez-moi ça...

L'AMANT .

Je ne vois rien, Monsieur, je suis derrière la porte.

LE COMMISSAIRE, *du ton de Bérénice.*

Hélas ! (*Un temps.*) Je ne la mets même pas dans ma poche, ça tient trop de place. J'ai la folie, c'est le mot, de la distinction. Je ne mets plus mon ruban de la médaille militaire, c est jaune.

LE MARI

Merci.

LE COMMISSAIRE, *d'un geste large.*

Ah ! c'est vous ! Je vous avais oublié. Je ne porte donc plus rien.

LE MARI

Je voudrais bien en dire autant.

LE COMMISSAIRE

Et mon écharpe, c'est un agent qui la trimballe. Et

cet agent que voici, chansonnier fort distingué, a fait un couplet spirituel sur cette supposition qu'on aurait abandonné par mégarde mon écharpe dans un café. Allez-y, Commines !...

PREMIER AGENT

Avec la permission...

LE MARI, *indigné.*

Mais, Monsieur !...

LE COMMISSAIRE, *tragique et mélancolique.*

Ah ! vous, Monsieur, derrière la porte, vous eussiez, étant homme du monde, consenti à me reconnaître comme magistrat, comme commissaire de police...

L'AMANT

Religieusement !...

LE COMMISSAIRE

Merci... sans me contraindre à m'emprisonner en un linge sans grâce ; mais vous, vous, Monsieur, vous exigerez sans doute que je me revête de mes insignes, et sans nécessité, sans besoin, pour le plaisir, pour rien !

LE MARI

Mais, Monsieur, je n'exige rien du tout.

LE COMMISSAIRE, *plus stupéfié que charmé.*

Comment, Monsieur ?

LE MARI

Je suis un homme du monde.

3

LE COMMISSAIRE

Homme du monde! et cocu! (*Indigné.*) Oh! (*Méditatif.*) Je ne croirai jamais qu'un cocu soit homme du monde.

LE MARI

Mais dans la *Princesse de Bagdad* dont vous parliez?...

LE COMMISSAIRE

C'est vrai. (*Un temps.*) Mais c'est de la littérature. (*Un temps.*) Et puis, il n'est pas cocu.

LE MARI, *obstiné.*

Ça n'empêche pas. Je suis un homme du monde. Vous n'avez qu'à me regarder pour vous en apercevoir. Si vous étiez observateur, vous auriez remarqué mon costume simple et de bon goût. C'est un costume à lancer pour ces sortes de cérémonies. Pas encore deuil ou demi-deuil, mais mélancolique, avec je ne sais quoi de résigné, de décidé et d'ironique, à son aise, calme...

VOIX DE LA FEMME

Dis donc, si c'est une réclame, tu pourrais donner le nom du tailleur. Comment, c'est tout le cas que tu fais de moi? C'est toute l'importance que tu attaches à ton honneur, à ton malheur? Ah!...

L'AMANT

Tais-toi, Diane. Tais-toi. Nous parlons de choses sérieuses.

PREMIER AGENT

Avec la permission de M. le commissaire, je chanterai la chanson que j'ai composée sur l'air de *Elle a perdu sa bicyclette* :

Il a perdu son né-né, Théodore,
Perdu son écharp' tricolo-o-re.

L'AMANT, *interrompant.*

C'est très amusant.

VOIX DE LA FEMME, *éclatant.*

Non, il trouve ça amusant, le misérable! (*S'échauffant
encore.*) Mais regardez-le, regardez-le donc! Il fait le
joli cœur, il fait des effets de dos, pour lui tout seul.
(*Solennelle.*) Au lieu de s'habiller. (*Sincère.*) Il est
obscène.

LE MARI

Vous avez mis le temps à vous en convaincre.

VOIX DE LA FEMME

Non, mais il est obscène, vraiment obscène. Regardez-le.

LE COMMISSAIRE, *logique.*

Le regarder! Comment! Vous oubliez, Madame,
qu'il y a une porte entre lui et nous.

SCÈNE IV

*A ce moment, le locataire d'à côté (la porte à gauche)
sort méthodiquement, et, se croisant les bras sur la
poitrine :*

LE LOCATAIRE D'A CÔTÉ

Dites donc, vous autres, vous n'avez pas fini de faire
du potin?

LE COMMISSAIRE

Vous dites?

LE LOCATAIRE

Je vous demande si vous n'avez pas bientôt fini de faire du potin.

LE COMMISSAIRE

Du potin?

LE LOCATAIRE

Du potin.

LE COMMISSAIRE

Monsieur, je suis commissaire de police.

LE LOCATAIRE, *haussant les épaules.*

Ils disent tous ça. La preuve?

LE COMMISSAIRE

Je ne vous dois aucune preuve.

LE LOCATAIRE, *ironique et triomphant.*

Ah! ah! (*Bref et impératif.*) La preuve!

LE COMMISSARE, *montrant les agents.*

Voilà.

LE LOCATAIRE

Ça ne prouve rien du tout. La preuve!

LE COMMISSAIRE, *soumis.*

L'écharpe! (*Le premier agent tire l'écharpe.*) Qu'est-ce que vous dites de ça?

LE LOCATAIRE

Montrez un peu. (*Il l'examine attentivement.*) C'est la qualité à deux francs quatre-vingt-quinze. (*Un temps.*) Ça ne prouve rien. La preuve!

LE COMMISSAIRE, *interloqué.*

Si je vous arrêtais, pour voir!...

LE LOCATAIRE

Ça ne prouverait rien du tout. Et sous quel chef d'inculpation m'arrêteriez-vous? Parce que je n'ai pas confiance? Parce que je ne marche pas? Je ne vous dis rien.

LE COMMISSAIRE

Au contraire.

LE LOCATAIRE

Passons. La preuve!

(*Le commissaire fait un geste de désespoir. Alors le mari s'approche résolument.*)

LE MARI

La preuve, la voici. C'est moi. Je suis cocu.

LE LOCATAIRE

Ça, alors, c'est sérieux. Vous m'en direz tant! C'est très sérieux! Je n'ai rien à répondre. Je crois... (*Tenant absolument à dire quelque chose.*) Vous êtes cocu! Vous n'êtes pas honteux, à votre âge! (*Un temps.*) Mes excuses! Continuez. Bonsoir. (*Il rentre violemment chez lui.*)

SCÈNE V

LE COMMISSAIRE, *au mari.*

Monsieur, c'est un véritable service que vous venez de me rendre... Je ne l'oublierai pas. Mais quelle idée vous a pris de venir surprendre?...

3.

LE MARI, *l'interrompant.*

Je ne savais pas quoi faire de mon après-midi.

SCÈNE VI

La locataire de la porte au milieu, qui vient d'entendre
du bruit, sort et s'informe. C'est une demoiselle de
trente-cinq ans, sans âge, sans physique.

LA LOCATAIRE

Qu'est-ce que c'est?

DEUXIÈME AGENT, *obligeant.*

C'est un cocu.

LA DEMOISELLE

Un cocu? Qu'est-ce que c'est que ça?

L'AGENT, *apitoyé.*

Vous ne savez pas ce que c'est qu'un cocu? D'où
sortez-vous donc, ma pauvre demoiselle?

LA DEMOISELLE

De la maison centrale de Clermont (Oise), où, à
peine au sortir de l'enfance, me conduisit une condamnation pour infanticide : quinze ans de travaux
forcés. Après quatorze années d'internement, un hasard fortuit fit reconnaître que j'étais vierge, et, par
suite, innocente. Ces messieurs eurent la bonté de me
faire remise du restant de ma peine.

LE COMMISSAIRE, *enthousiaste.*

C'est admirable!

(Pendant ce temps, l'amant parle à travers la porte.)

L'AMANT

Je voudrais parler.

DEUXIÈME AGENT, *obligeant.*

A monsieur le commissaire?

L'AMANT

Non, pas toujours au même.

PREMIER AGENT

A moi, peut-être?

L'AMANT

Non, pas pour l'instant.

DEUXIÈME AGENT

A moi, sans doute.

L'AMANT

Non.

DEUXIÈME AGENT

A qui, alors?

L'AMANT

A... c'est très difficile à dire.

DEUXIÈME AGENT

A Dieu?...

L'AMANT

Non, à monsieur... monsieur qui... que...

DEUXIÈME AGENT

Au cocu, alors! Fallait le dire tout de suite. Tenez, le voilà. (*Il le pousse brutalement contre la porte.*)

L'AMANT

Ah ! Monsieur, voilà un mot que je n'aurais jamais prononcé et dont je suis honteux ! honteux comme d'un soufflet...

LE MARI

Sur la joue d'un autre, oui.

L'AMANT

Vous êtes sans pitié. Observez comme je suis courageux. Je ne sais en quelles dispositions vous venez à moi, je ne sais si des pensées de meurtre ne vous obsèdent point, si vous n'êtes pas paré de toutes les armes de ce monde et des autres, si — armes plus épouvantables — la colère et le mépris ne vous affolent point de leur horreur ! et je vous parle ! et je m'excuse ! et je cherche des paroles de paix et je vous estime, Monsieur, je vous estime.

LE MARI

Derrière la porte.

L'AMANT

Oui, je vous estime et je vous admire...

LE COMMISSAIRE, *en même temps.*

Et vous n'avez rien vu, Mademoiselle, ni substitut, ni commissaire de police, ni médecin ?

LA DEMOISELLE, *au mari.*

On voit bien que vous n'êtes jamais passé par là. Ça n'est pas si compliqué : on ne voit pas ces gens-là. Ils vous voient sans vous regarder et, un hochement de tête, suffit... on est pesé, emballé, condamné.

L'AMANT, *au mari.*

Une femme d'un caractère si difficile, si ombra-

geux, si romanesque à faux, un cauchemar, un véritable cauchemar! Et tout le mal qu'elle me disait de
vous me faisait vous aimer davantage. Je discernais
en ses discours de mauvaise volonté votre distinction,
votre générosité, votre esprit, votre énergie.

LE MARI

Pourquoi ne m'avez-vous pas dit ça plus tôt?

L'AMANT

Je n'avais pas l'honneur de vous connaître. Et
maintenant encore...

LA DEMOISELLE, *au commissaire.*

Et je n'ai jamais eu confiance dans les jurés. Ils ne
marquaient pas bien. Et savez-vous combien a duré
le procès? Une pauvre audience de quatre heures!

LE COMMISSAIRE, *avec stupeur.*

Quatre heures pour condamner à quinze ans de
travaux forcés : ce n'est pas assez! Ce n'est pas
payé!

L'AMANT, *au mari.*

Tenez, imaginez un peu comme je suis.

LE MARI

Mais, je ne sais pas, moi... Grand, brun?

L'AMANT

Ah! que c'est drôle! Je suis petit, blond. Et les
yeux?

LE MARI

Bleus?

L'AMANT

Bruns!

LE MARI

Je n'aurais jamais cru que ma femme les aimait comme ça.

L'AMANT

Et... (*La conversation continue*).

LA DEMOISELLE. *Autre conversation.*

Oui, l'instruction n'avait pas duré plus de quinze jours. C'était une affaire très simple.

LE COMMISSAIRE

Et la revision ?

LA DEMOISELLE

Ça, c'est une autre affaire. Ça vient de se terminer seulement. On m'a accordé cent mille francs de dommages et intérêts.

LE COMMISSAIRE

Cent mille francs, mais, dites, c'est tout à fait intéressant.

LE MARI, *à l'amant.*

Mais vous avez des idées très raisonnables, Monsieur. Vous n'avez pas le lyrisme que je vous prêtais injurieusement. Comment ? vous avez découvert que ma femme était insupportable ?

L'AMANT

Odieuse !...

LE MARI

Alors, vous n'êtes pas aussi... amant que vous en avez l'air.

L'AMANT

Oh ! Monsieur !

LE MARI

Mais, Monsieur, je vous en prie, allez vous habiller. Vous toussez. Si, si! je vous assure! vous toussez! Vous n'avez pas froid? Rien n'est traître comme les versos de portes.

L'AMANT

J'y vais, Monsieur, vous m'excuserez un instant. Sans adieu.

LE MARI

Sans adieu, puisqu'il ne reste plus qu'à nous serrer la main.

LE COMMISSAIRE, *qui a un peu entendu.*

Vous serrer la main? Sans moi? Ingrats! Mais je suis un peu, beaucoup, n'est-ce pas, dans votre poignée de main?

L'AMANT

Pour beaucoup, oui, oui. Un instant, je reviens.

LE COMMISSAIRE, *au mari.*

Venez donc, Monsieur. Voici une erreur judiciaire.

LE MARI

Mes compliments.

LE COMMISSAIRE

Est-ce admirable! Elle a été enfermée pendant quatorze ans à Clermont!

LE MARI, *subitement intéressé.*

A Clermont? Oise?

PREMIER AGENT, *sévère.*

Il n'y a pas deux Clermont. Il y a le Clermont des

Auvergnats et le Clermont des dames. Le premier s'appelle Clermont-Ferrand, le second est Clermont ferré. Mais, au point de vue pénitentiaire, il n'y a qu'un seul Clermont.

LE MARI

C'est admirable ! A Clermont ! Oise ! J'ai vraiment de la chance. Vous allez pouvoir alors me donner un précieux renseignement. Avez-vous connu à Clermont mademoiselle Chrétienne d'Israël ?

LE COMMISSAIRE

C'est une autre erreur judiciaire ?

LE MARI

Non, c'est une cocotte.

DEUXIÈME AGENT, *gravement*.

C'est plus honorable.

LA DEMOISELLE

Non, je ne me rappelle pas ce nom-là. Nous avions très peu de nobles.

LE MARI, *simple*.

Au fond, ce n'est peut-être pas son vrai nom. Je crois que, le jour de sa condamnation, elle s'appelait Suzanne Barlief

LA DEMOISELLE

Ah ! à la bonne heure ! Je me la rappelle ! Une grande !

LE MARI

De superbes cheveux blonds...

LA DEMOISELLE

Ça, je ne peux pas vous dire. On cache ses cheveux,
en prison. C'est l'ordre et la règle.

DEUXIÈME AGENT, *facétieux.*

Du jeu.

LE MARI

Et elle a vraiment été en prison? A Clermont?

LA DEMOISELLE

Trois ans, moins quatre mois de prison préventive
et huit mois de réduction, ça fait dans les vingt-trois
mois et demi.

LE MARI

C'est admirable! Elle s'appelle maintenant Esther
de Clermont, mais je croyais que c'était une frime!
Ah! c'est la fortune pour elle, c'est le bonheur pour
moi. Deux ans en prison! c'est exultant.

LA DEMOISELLE

Elle était au même atelier que moi. J'étais auxiliaire

LE COMMISSAIRE

Cet honneur vous avait été décerné à cause de votre
situation d'erreur judiciaire?

LA DEMOISELLE

Non, on ne savait pas. C'était à l'ancienneté. On
ourlait des torchons.

LE MARI

Des torchons! Est-ce admirable!

VOIX DE L'AMANT, *qui revient.*

Enfin nous allons nous voir.

TOUS

Enfin !
(*Bruits de clefs dans la serrure. Bruits qui se pro-
longent. Micmac. Enfin :*)

L AMANT

Hein ? quoi ? La clef ne vient plus !

DEUXIÈME AGENT, *devinant.*

La serrure s'est peut-être dérangée.

VOIX DE LA FEMME

C'est bien fait. Elle a moins de patience que vous,
la serrure. Ah ! ah ! on ne rigole plus, vous autres !

LE MARI

Diane ! vous voilà vulgaire.

LA FEMME

Ah ! toi, tu ne l'es pas vulgaire !

LE MARI, *au commissaire.*

Heureusement qu'elle n'a rien entendu ! si elle savait
que je suis amoureux, elle m'arracherait les yeux !

LE COMMISSAIRE

A travers la porte ?

LE MARI

A travers la porte.

LE COMMISSAIRE

Elle est jalouse ?

LE MARI

Ah!

LE COMMISSAIRE

Et elle serait jalouse, en ce moment, en cette situation?

LE MARI

Il y a des nuances que les femmes ne comprendront jamais.

L'AMANT

Ah! décidément, j'y renonce!

LA FEMME

Ah! ah! tu ne parles plus! tu ne crânes plus!

LE MARI ET L'AMANT, *ensemble.*

Tais-toi, Diane!

DEUXIÈME AGENT

Vous n'avez, Monsieur, qu'à mettre quelque chose de dur dans la clef et à tourner.

L'AMANT

Quelque chose de dur? Où voulez-vous que je le prenne?

PREMIER AGENT

Vous n'avez pas d'outils?

L'AMANT

Pardon. Trois peignes et un tire-bouton.

PREMIER AGENT

Essayez du tire-bouton. Ça vaut mieux que rien.

(*Attente inquiète.*)

L'AMANT

La clef vient.

TOUS

Hourrah!

L'AMANT

Ciel! il n'est venu que la moitié de la clef! Il reste quelque chose dans la serrure.

LA FEMME, *goguenardant*.

« Captif au rivage du Maure ».

LE COMMISSAIRE, *à la demoiselle*.

Ah! une idée! Vous ne vous êtes jamais évadée, Mademoiselle?

LA DEMOISELLE

Si je m'étais évadée, je ne serais pas ici.

LE COMMISSAIRE

Mais vous avez été quatorze ans enfermée. Qu'est-ce que vous pensiez de la serrure?

LA DEMOISELLE

Je n'y pensais pas.

PREMIER AGENT

Alors il faut chercher un serrurier. Il y en a un en face.

DEUXIÈME AGENT

J'y vais. (*Il part.*)

LE COMMISSAIRE

Quelle aventure! Les clefs ne sont pas faites pour casser dans une serrure.

LA FEMME

Oui, mais il faut qu'une porte soit ouverte ou fermée.

L'AMANT

Assez !...

LA FEMME

Ça n'est pas de moi. Et c'est très moral. Les portes ne sont pas faites pour qu'on jacasse au travers.

L'AMANT

Et nous voilà reclus entre ciel et terre, sans vivres, sans idéal, avec nos désillusions, avec nos remords !

LA FEMME

Parle pour toi.

SCÈNE VII

Arrive le serrurier armé de toutes pièces.

LE SERRURIER

Bonjour, Monsieur le commissaire, bonjour la compagnie. Eh bien, ça va les affaires ! Un petit flagrant délit ! Des tourtereaux qui font de la rouspétance.

LE COMMISSAIRE

Vous êtes jovial, Brequin ! C'est une serrure qui fait de la rouspétance.

LE SERRURIER *commence son travail et chantonne.*

(*Air : Cochon, cochon.*) Délit ! délit. Joli p'tit flagrant délit.

LE MARI, *magnanime.*

Ce n'est pas un flagrant délit.

LE SERRURIER, *s'arrêtant.*

Non! c'est p'têtre un couronnement de rosière!

LE MARI

Ça vous regarde?

LE SERRURIER

Parfaitement. Si c'est un flagrant délit, mon travail vaut trois francs. C'est un prix fait. Si c'est une besogne pour particulier, c'est dix francs.

L'AMANT

A ce prix-là, c'est un flagrant délit.

LE SERRURIER

Comme vous voudrez, (*Il se remet au travail.*) (*Au bout d'une seconde, la serrure saute.*)

L'AMANT *sort et salue, dans cet ordre. Puis il sort trois francs et dit au serrurier :*

Voici, mon ami.

LE MARI, *se précipitant.*

Mais non, c'est à moi. N'acceptez pas l'argent de monsieur.

L'AMANT

N'acceptez pas l'argent de monsieur.

LE SERRURIER

Pardon, je ne suis pas parti. J'ai les pieds nickelés. J'attends.

L'AMANT

Quoi?

LE SERRURIER

Le procès-verbal, le constat, le flagrant délit.

LE MARI

Vous prétendez?

LE SERRURIER

On me paie au prix de flagrant délit. Il faut un flagrant délit. Je ne peux pas être volé.

LE COMMISSAIRE

Cet homme est dans son droit. Donnez-lui dix
francs.

LE SERRURIER

Et si je vous forçais, moi, à dresser ce procès-verbal? Si je faisais aller jusqu'au bout?

LE COMMISSAIRE

Vous allez un peu loin, Brequin. (*A l'amant.*) Donnez-lui dix francs.

L'AMANT

Jamais de la vie.

LE COMMISSAIRE, *au mari.*

Vous, donnez-lui dix francs.

LE MARI

Plutôt la mort.

LA FEMME, *sortant.*

Vous allez voir que c'est moi qui vais payer.

TOUS

Madame. (*Saluts, hommages, congratulations.*)

LE COMMISSAIRE

Donnez cent sous chacun.

LE MARI, *sortant cinq francs.*

Voilà.

L'AMANT, *s'exécutant.*

Voici, vil Brequin.

LE SERRURIER

Non, décidément, vous êtes trop bêtes : j'aime mieux m'en aller.

LA DEMOISELLE

Mais non, restez. Vous allez tous venir chez moi prendre quelque chose.

LE MARI, *à l'amant.*

Emmenons-nous Diane?

L'AMANT

Tout de même.

LA DEMOISELLE

Venez, Madame et Messieurs ! les erreurs judiciaires, aujourd'hui, sont assez riches pour payer à boire aux victimes et aux coupables.

RIDEAU

Paris. — L. MARETHEUX, imprimeur, 1, rue Cassette.

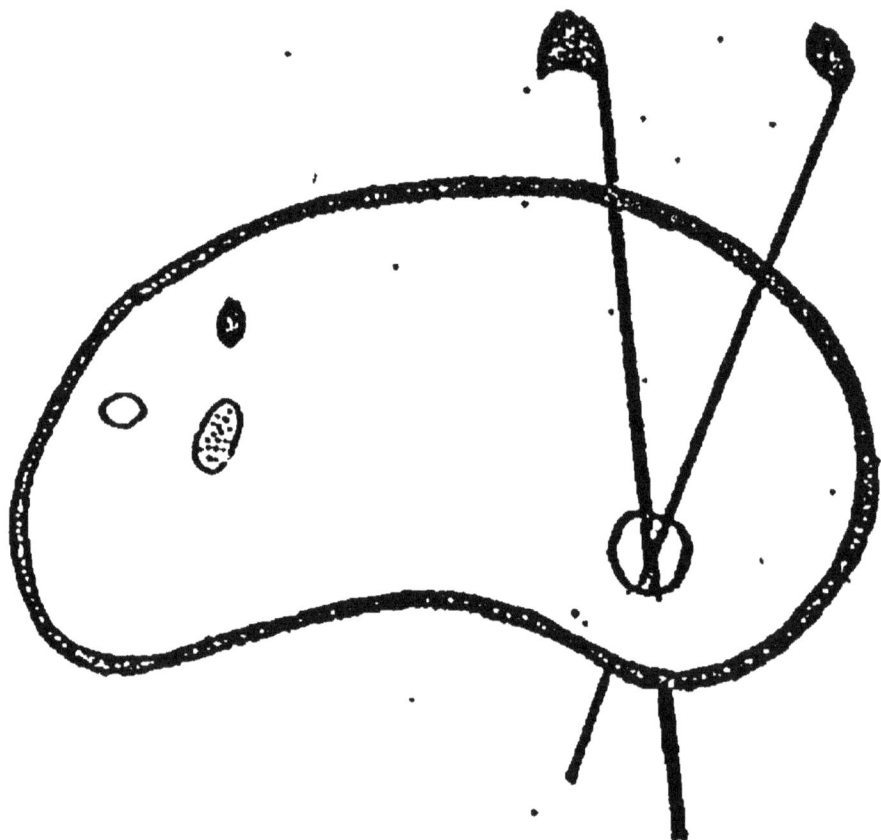

ORIGINAL EN COULEUR
NF Z 43-120-8

www.ingramcontent.com/pod-product-compliance
Lightning Source LLC
LaVergne TN
LVHW022148080426

835511LV00008B/1333